# SOMMER DRINKS

HILDEGARD
MÖLLER

# SOMMER DRINKS

Jan Thorbecke Verlag

VERLAGSGRUPPE PATMOS

PATMOS
ESCHBACH
GRÜNEWALD
THORBECKE
SCHWABEN
VER SACRUM

Die Verlagsgruppe
mit Sinn für das Leben

Die Autorin

**Hildegard Möller** lebt in Münster und war nach ihrem Studium Inhaberin und Küchenchefin zweier Gastronomiebetriebe. Seit einigen Jahren setzt die Ökotrophologin ihr kreatives Handwerk am Schreibtisch fort. Als Kochbuchautorin und Food-Journalistin schreibt und kocht sie mit Leidenschaft. Zu Hause experimentiert sie gerne mit Produkten aus ihrem eigenen Garten, wo von Apfel bis Zitronenmelisse alles wächst. Bei Thorbecke erschienen von ihr bereits »Limo, Brause & Spritz« und »Frische Kräuterdrinks«.

FSC www.fsc.org MIX Papier aus verantwortungsvollen Quellen FSC® C043106

Für die Verlagsgruppe Patmos ist Nachhaltigkeit ein wichtiger Maßstab ihres Handelns. Wir achten daher auf den Einsatz umweltschonender Ressourcen und Materialien.


Verlagsgruppe Patmos in der Schwabenverlag AG, Ostfildern
www.thorbecke.de

Gestaltung: Finken & Bumiller, Stuttgart
Fotos: Nathalie Wolff, Finken & Bumiller, Stuttgart
Druck: Grafisches Centrum Cuno GmbH & Co. KG, Calbe
Hergestellt in Deutschland
ISBN 978-3-7995-1374-6

# INHALT

# SOMMER, SONNE, SOMMERDRINKS

Lange, warme Sommerabende – Grillpartys überall: Das Verlangen nach Durstlöschern ist an heißen Tagen besonders groß. Erfrischende Sommerdrinks wie spritzige Limonaden, angesagte Aromawasser-Kreationen, kühle Eistees und fruchtige Cocktails verschaffen da rasch wohltuende Abkühlung. Ganz neu auf der Getränkeliste sind Szene-Newcomer wie Shrubs, Switchels oder Drinks mit Kurkuma, die für willkommene Abwechslung in der hauseigenen Bar sorgen. Anstelle von süßen Softdrinks, Bier und Wein lassen sich wunderbar kreative, zuckerarme Alternativen zaubern, die durch ihren Fruchtanteil einen natürlichen Süßegrad erlangen. Pfirsich-Maracuja-Slush oder Holunder-Caiprinha sind im Handumdrehen gemacht und garantieren Überraschung sowie Erfrischung pur auf jeder Party.

Viel Freude mit den Sommerdrinks!

Hildegard Möller

# ERDBEER-ZITRONEN-LIMO

**Für 4 Gläser à 250 ml**

500 g Erdbeeren
2 Zitronen
8 EL flüssiger Honig
12 Eiswürfel
700 ml kohlensäurehaltiges Mineralwasser
Bio-Zitronenscheiben und Minzeblätter zum Verzieren

**Zubereitungszeit**
15 Minuten

1 Die Erdbeeren waschen, putzen, in eine hohe Rührschüssel geben und mit dem Pürierstab für einige Sekunden fein pürieren. Die Zitronen auspressen. Die pürierten Erdbeeren mit dem Honig und dem Zitronensaft mischen.

2 Zum Servieren den aufgefangenen Saft auf 4 Gläser verteilen. Je 3 Eiswürfel dazugeben. Mit Mineralwasser aufgießen. Mit Bio-Zitronenscheiben und Minzeblättern verzieren.

# APFEL-MATCHA-SLUSH

**Für 4 Gläser à 250 ml**

1 grüner Apfel
(z. B. Granny Smith)
1 Zitrone
150 ml Wasser
4 TL Matcha-Tee
8 Minzeblätter
100 g heller Rohrohrzucker
350 g Crushed Ice
Apfelschnitze zum Verzieren

**Zubereitungszeit**
10 Minuten

1 Die Gläser im Gefrierfach vorkühlen. Den Apfel waschen, entkernen und ungeschält in Spalten schneiden. Die Zitrone auspressen und mit den Apfelspalten und dem Wasser in einen hohen Rührbecher geben. Matcha-Tee hinzugeben. Die Minzeblätter waschen und mit dem Rohrohrzucker und dem Crushed Ice hinzufügen. Alles zusammen auf höchster Stufe mit dem Pürierstab für einige Sekunden schaumig pürieren.

2 Zum Servieren den Apfel-Matcha-Slush in die vorgekühlten Gläser geben. Mit Apfelschnitzen verzieren.

# MELONEN-AQUA-FRESCA

## MIT GRANATAPFEL UND MINZE

**Für 4 Gläser à 250 ml**

500 g Galia-Melone
2 Limetten
500 ml stilles Wasser
2 EL flüssiger Honig
1 Bund Minze
200 g Crushed Ice
1 Grantapfel
Minzeblätter zum Verzieren

**Zubereitungszeit**
15 Minuten

1 Die Gläser im Gefrierfach vorkühlen. Die Melone in Spalten schneiden, die Kerne entfernen und das Fruchtfleisch von der Schale trennen. In Stücke schneiden und in einen hohen Rührbecher geben. Die Limetten auspressen. Limettensaft, Wasser und Honig zugeben. Die Minze waschen, Blättchen abzupfen und mit dem Crushed Ice hinzufügen.

2 Alles zusammen mit dem Pürierstab auf höchster Stufe für einige Sekunden fein pürieren. Die Kerne aus dem Granatapfel lösen und unterrühren.

3 Zum Servieren das Aqua Fresca in die vorgekühlten Gläser geben. Mit Minzeblättern verzieren.

# LIMETTEN-EISTEE

## MIT PFIRSICH

**Für 4 Gläser à 250 ml**

1 l Wasser
8 TL schwarzer Tee
(z. B. Earl-Grey)
2–4 EL heller Rohrohrzucker
2 Limetten + 1 Bio-Limette
2 EL Zitronensaft
1 Pfirsich
12 Eiswürfel
Minzeblätter zum Verzieren

**Zubereitungszeit**
10 Minuten + ca. 3 Stunden Abkühl- und Kühlzeit

1 Das Wasser zum Kochen bringen. Den schwarzen Tee in eine Kanne geben und mit kochendem Wasser übergießen. Ca. 3–5 Minuten ziehen lassen.

2 Den Tee durch ein feinmaschiges Sieb in eine Karaffe gießen. Den Rohrohrzucker unterrühren. Abkühlen lassen und anschließend für 2 Stunden in den Kühlschrank stellen.

3 Die Limetten auspressen. Die Bio-Limette waschen, trockenreiben und in Spalten schneiden. Zitronensaft, Limettensaft und -spalten zum Tee geben. Den Pfirsich waschen, entkernen und in dünne Spalten schneiden.

4 Zum Servieren die Pfirsichspalten auf 4 Gläser verteilen. Je 3 Eiswürfel dazugeben. Mit Limettentee auffüllen. Mit Minzeblättern verzieren.

# INGWER-SWITCHEL

**Für 4 Gläser à 250 ml**

1 l Wasser
100 g Ingwer
2 Zitronen
6 EL flüssiger Honig
8 EL Apfelessig
12 Eiswürfel
Bio-Zitronenscheiben und Minzeblätter zum Verzieren

**Zubereitungszeit**
10 Minuten + 1 Stunde Abkühlzeit

1 Das Wasser in einem Topf zum Kochen bringen. Den Ingwer schälen, in feine Scheiben schneiden und dazugeben. 2 Minuten köcheln lassen. Beiseitestellen und vollständig abkühlen lassen.

2 Die Zitronen auspressen. 100 ml Zitronensaft abmessen. Mit Honig und Apfelessig in eine Karaffe geben. Alles gründlich verrühren. Ingwerwasser durch ein Sieb dazugießen.

3 Zum Servieren Switchel auf 4 Gläser verteilen. Je 3 Eiswürfel dazugeben. Mit Bio-Zitronenscheiben und Minzeblättern verzieren.

# HIMBEER-SHRUB

**Für 4 Gläser à 250 ml**

250 g Himbeeren
250 g heller Rohrohrzucker
250 ml Apfelessig
1 Vanilleschote
12 Eiswürfel
750 ml kohlensäurehaltiges Mineralwasser
Zitronenmelisseblätter zum Verzieren

**Zubereitungszeit**
10 Minuten + mindestens 3 Stunden Ziehzeit (oder über Nacht)

1 Die Himbeeren waschen, im Sieb abtropfen lassen und in eine Schüssel geben. Die Früchte mit einer Gabel zerdrücken und mit dem Rohrohrzucker mischen. Abgedeckt mindestens 3 Stunden, am besten über Nacht, im Kühlschrank ziehen lassen.

2 Die Himbeermasse durch ein feinmaschiges Sieb streichen und den Saft in einer Schüssel auffangen. Dabei die Masse gut ausdrücken, damit so viel Saft wie möglich ausgepresst wird. Den aufgefangenen Saft mit dem Essig mischen. Die Vanilleschote längs aufschneiden, das Mark herauskratzen und unterrühren.

3 Zum Servieren den Shrub auf 4 Gläser verteilen. Je 3 Eiswürfel dazugeben. Mit Mineralwasser aufgießen. Mit Zitronenmelisseblättern verzieren.

JAR

# WASSER MELONEN-SODA

## MIT ORANGE UND MINZE

**Für 4 Gläser à 250 ml**

600 g gekühlte Wassermelone
2 Orangen
16 Minzeblätter
500 ml kohlensäurehaltiges Mineralwasser
350 g Crushed Ice
Wassermelonenschnitze + Minzezweige zum Verzieren

**Zubereitungszeit**
15 Minuten

1 Die Wassermelone in Spalten schneiden, die Kerne entfernen und das Fruchtfleisch von der Schale schneiden. Fruchtfleisch in Stücke schneiden und in einen hohen Rührbecher geben. Die Orangen auspressen und den Saft dazugeben. Die Minzeblätter waschen und mit dem Mineralwasser hinzufügen. Alles zusammen mit dem Pürierstab auf höchster Stufe für einige Sekunden pürieren.

2 Zum Servieren das Crushed Ice auf 4 Gläser verteilen. Mit Wassermelonen-Soda auffüllen. Mit Wassermelonenschnitzen und Minzezweigen verzieren.

# ZITRUS-KURKUMA-LIMO

**Für 4 Gläser à 250 ml**

1 l Wasser
30 g frischer Ingwer
2 Limetten
1 Orange
1 Zitrone
3 TL Kurkuma
6 EL flüssiger Honig
350 g Crushed Ice
Zitronenschnitze zum Verzieren

**Zubereitungszeit**
15 Minuten + 1 Stunde Abkühlzeit

1 Das Wasser zum Kochen bringen. Den Ingwer schälen, reiben und dazugeben. Vollständig abkühlen lassen.

2 Das Ingwerwasser durch ein feinmaschiges Sieb in eine Karaffe gießen. Limetten, Orange und Zitrone auspressen und den Saft dazugeben. Kurkuma und Honig unterrühren.

3 Zum Servieren das Crushed Ice auf 4 Gläser verteilen Mit Zitrus-Kurkuma Limo auffullen. Mit Zitronenschnitzen verzieren.

# NEKTARINEN-BEEREN-DRINK

**Für 4 Gläser à 250 ml**

5 reife Nektarinen
150 ml Wasser
2 Zitronen
8 EL flüssiger Honig
150 ml klarer Apfelsaft
100 g gemischte Beeren (z. B. Himbeeren, Heidelbeeren)
12 Eiswürfel
200 ml kohlensäurehaltiges Mineralwasser

**Zubereitungszeit**
15 Minuten

1 Die Nektarinen waschen, entkernen und in Spalten schneiden. Mit dem Wasser in einen hohen Rührbecher geben und mit dem Pürierstab für einige Sekunden pürieren. Den Saft durch ein feinmaschiges Sieb in eine Karaffe gießen.

2 Die Zitronen auspressen. Zitronensaft, Honig und Apfelsaft mit dem Nektarinensaft verrühren. Die Beeren waschen und im Sieb abtropfen lassen.

3 Zum Servieren den Nektarinensaft und die Beeren auf 4 Gläser verteilen. Je 3 Eiswürfel dazugeben. Mit Mineralwasser aufgießen.

# HEIDELBEER-LIMETTEN-COCKTAIL

## MIT ROSMARIN

**Für 4 Gläser à 250 ml**

2 Bio-Limetten
125 g Heidelbeeren
4 EL flüssiger Honig
5 Zweige Rosmarin
350 g Crushed Ice
750 ml kohlensäurehaltiges Mineralwasser

**Besonderes Zubehör**
Stößel

**Zubereitungszeit**
10 Minuten

1 Die Limetten waschen, trockenreiben, in Spalten schneiden und auf 4 Gläser verteilen. Die Heidelbeeren waschen, im Sieb abtropfen lassen und dazugeben. Den Honig unterrühren. Den Rosmarin waschen, trockenschütteln, die Nadeln von 1 Zweig abzupfen und untermischen. Die Mischung mit einem Stößel zerdrücken.

2 Das Crushed Ice auf 4 Gläser verteilen. Mit Mineralwasser auffüllen. Noch einmal umrühren und die restlichen Rosmarinzweige hineinstecken.

# GRAPEFRUIT-TONIC
## MIT MELONEN-EISWÜRFELN

**Für 4 Gläser à 250 ml**

400 g Wassermelone
1 EL heller Rohrohrzucker
12 Basilikumblätter
2 Grapefruits
500 ml gut gekühltes Tonic Water
Basilikumblätter zum Verzieren

**Zubereitungszeit**
15 Minuten + 3 Stunden Gefrierzeit

1 Die Wassermelone in Spalten schneiden, die Kerne entfernen und das Fruchtfleisch von der Schale schneiden. Fruchtfleisch in 12 ca. 3 × 3 cm große Würfel schneiden.

2 Die Melonenwürfel in einen mit Backpapier ausgelegten gefriergeeigneten Behälter geben. Melonenwürfel mit Rohrohrzucker bestreuen. Die Basilikumblätter waschen, trockentupfen, auf die Würfel legen und fest andrücken. Verschließen und für 3 Stunden ins Gefrierfach geben.

3 Zum Servieren die Grapefruits auspressen und den Saft auf 4 Gläser verteilen. Je 3 Meloneneiswürfel dazugeben. Mit Tonic Water auffüllen. Mit Basilikumblättern verzieren.

# SOMMERBEEREN-BOWLE

**Für 1 Bowlegefäß (ca. 8 Gläser à 200 ml)**

- 200 g Erdbeeren
- 200 g Himbeeren
- 200 g Johannisbeeren
- 200 g Heidelbeeren
- 150 g heller Rohrohrzucker
- 200 ml Holunderblütensirup
- 1 Bio-Orange
- 1 Bund Minze
- 500 ml Cranberrysaft
- 750 ml kohlensäurehaltiges Mineralwasser
- Eiswürfel

**Besonderes Zubehör**
Bowlegefäß

**Zubereitungszeit**
25 Minuten + 2 Stunden Ziehzeit

1 Die Beeren putzen, waschen, verlesen und abtropfen lassen. Die Erdbeeren je nach Größe halbieren oder vierteln. Alle Beeren in ein Bowlegefäß geben und mit dem Rohrohrzucker mischen. Den Holunderblütensirup unterrühren.

2 Die Orange waschen, trockenreiben und die Schale dünn abschälen. Den Saft auspressen. Orangenschale und -saft untermischen. Die Minze waschen und trockenschütteln. 2 Zweige in die Mischung geben. Abgedeckt im Kühlschrank mindestens 2 Stunden ziehen lassen.

3 Die Beerenmischung mit dem Cranberrysaft und dem Mineralwasser auffüllen. Restliche Minzeblättchen von den Zweigen zupfen.

4 Zum Servieren in jedes Glas einige Minzeblättchen und Eiswürfel geben. Mit der Sommerbeeren-Bowle auffüllen.

# PFIRSICH-MARACUJA-SLUSH

## MIT HIMBEEREN

**Für 4 Gläser à 250 ml**

2–3 Pfirsiche (250 g)
100 g Himbeeren
2 EL heller flüssiger Honig
2 EL Zitronensaft
500 ml gekühlter Maracujasaft
400 g Crushed Ice
Pfirsichschnitze zum Verzieren

**Zubereitungszeit**
15 Minuten + 3 Stunden Gefrierzeit

1 Die Pfirsiche waschen, halbieren und den Kern entfernen. Das Fruchtfleisch in ca. 2 × 2 cm große Würfel schneiden. Die Himbeeren vorsichtig waschen und im Sieb abtropfen lassen. Pfirsichwürfel und Himbeeren in einen gefriergeeigneten Behälter geben und für 3 Stunden ins Gefrierfach stellen.

2 Die gefrorenen Früchte in einen hohen Rührbecher geben. Honig, Zitronensaft und Maracujasaft dazugeben. Alles mit dem Pürierstab für einige Sekunden pürieren. Crushed Ice unterrühren.

3 Zum Servieren den Pfirsich-Maracuja-Slush auf 4 Gläser verteilen. Pfirsichschnitze auf den Glasrand stecken.

# MANGO-GRANATAPFEL-COOLER

**Für 4 Gläser à 300 ml**

1 Granatapfel
1 Mango
1 Zitrone
4 EL flüssiger Honig
400 ml Wasser
400 g Crushed Ice
Zitronenmelisseblätter zum Verzieren

**Zubereitungszeit**
15 Minuten

1 Den Granatapfel halbieren und 4 EL Kerne herauslösen. Die Mango schälen. Das Fruchtfleisch bis zum Stein rundherum abschneiden.

2 Das Mangofruchtfleisch in einen hohen Rührbecher geben. Die Zitrone auspressen und den Saft dazugeben. Honig, Wasser und Crushed Ice hinzufügen. Alles mit dem Pürierstab für einige Sekunden pürieren.

3 Zum Servieren den Mangosaft auf 4 Gläser verteilen. Die Granatapfelkerne dazugeben und mit Zitronenmelisseblättern verzieren.

# BEERENMOJITO

**Für 4 Gläser à 200 ml**

4 Zweige Minze
4 TL heller Rohrohrzucker
4 Bio-Limetten
125 g gemischte Beeren (z. B. Heidelbeeren, Himbeeren, Brombeeren)
12 Eiswürfel
120 ml weißer Rum
400 ml kohlensäurehaltiges Mineralwasser
Minzeblätter zum Verzieren

**Besonderes Zubehör**
Stößel
Trinkhalme

**Zubereitungszeit**
15 Minuten

1 Die Minzezweige waschen und trockenschütteln. Die Blättchen abzupfen und mit dem Rohrohrzucker auf 4 Gläser verteilen. Die Limetten waschen, trockenreiben und vierteln. Je 4 Limettenviertel über einem Glas ausdrücken. Die Beeren waschen, im Sieb abtropfen lassen und auf die Gläser verteilen. Mit einem Stößel zerdrücken. Die ausgedrückten Limettenviertel hinzufügen.

2 Zum Servieren die Gläser mit je 3 Eiswürfeln füllen. Mit Rum und Mineralwasser auffüllen. Mit Minzeblättern verzieren. Trinkhalme hineinstecken.

# HOLUNDER-CAPIRINHA

**Für 4 Gläser à 200 ml**

4 Bio-Limetten
4 EL heller Rohrohrzucker
350 g Crushed Ice
120 ml Cachaça
(weißer Zuckerrohrschnaps)
200 ml Holunderblütensirup
Minzeblätter zum Verzieren

**Besonderes Zubehör**
Stößel
Trinkhalme

**Zubereitungszeit**
10 Minuten

1 Die Limetten waschen, trockenreiben und achteln. Auf 4 Gläser verteilen. Je 1 EL Rohrohrzucker hinzugeben. Mit einem Stößel die Limettenstücke zerdrücken.

2 Zum Servieren die Gläser zur Hälfte mit Crushed Ice füllen. Mit je 30 ml Cachaça und 50 ml Holunderblütensirup aufgießen. Umrühren. Mit Minzeblättern verzieren. Trinkhalme hineinstecken.

# BROMBEER-SPRITZ

**Für 4 Gläser à 250 ml**

400 g Brombeeren (frisch oder TK und aufgetaut)
100 ml Wasser
8 EL heller Rohrohrzucker
1 Bio-Zitrone
4 Zweige Zitronenmelisse
12 Eiswürfel
400 ml gekühlter Weißwein
400 ml kohlensäurehaltiges Mineralwasser
Zitronenmelisseblätter zum Verzieren

**Außerdem**
Stößel
Trinkhalme

**Zubereitungszeit**
15 Minuten + 30 Minuten Abkühlzeit

1 Die Brombeeren waschen und in einen Topf geben. Wasser und 4 EL Rohrohrzucker hinzugeben. Unter Rühren erhitzen und ca. 5 Minuten zugedeckt bei schwacher Hitze köcheln lassen.

2 Die Brombeermasse durch ein feinmaschiges Sieb streichen und den Saft in einer Schüssel auffangen. Dabei die Masse gut ausdrücken, damit so viel Saft wie möglich ausgepresst wird. Abkühlen lassen.

3 Die Zitrone waschen und vierteln. Die Viertel in kleine Stücke schneiden und auf 4 Gläser verteilen. Je 1 EL Rohrohrzucker hinzufügen. Die Zitronenmelisse waschen, die Blätter abzupfen und dazugeben. Mit einem Stößel Zitronenstücke und Zitronenmelisse zerdrücken und mit dem Rohrohrzucker vermengen.

4 Zum Servieren den Brombeersirup auf 4 Gläser verteilen. Je 3 Eiswürfel in die Gläser geben. Mit je 100 ml Weißwein und 100 ml Mineralwasser aufgießen. Mit Zitronenmelisseblättern verzieren und mit Trinkhalmen servieren.

# HIMBEER-SECCO

**Für 4 Gläser à 250 ml**

400 g frische Himbeeren (frisch oder TK und aufgetaut) + 20 Himbeeren zum Servieren
100 ml Wasser
4 EL heller Rohrohrzucker
1 Zitrone
12 Eiswürfel
750 ml gekühlter Prosecco
Minzeblätter zum Verzieren

**Zubereitungszeit**
20 Minuten + 30 Minuten Abkühlzeit

1 Die Himbeeren waschen und in einen Topf geben. Wasser und Rohrohrzucker hinzugeben. Die Zitrone auspressen und den Saft hinzugeben. Unter Rühren erhitzen und ca. 10 Minuten zugedeckt bei schwacher Hitze köcheln lassen. Zwischendurch umrühren.

2 Anschließend die Himbeermasse durch ein feinmaschiges Sieb streichen und den Saft in einer Schüssel auffangen. Dabei die Masse gut ausdrücken, damit so viel Saft wie möglich ausgepresst wird. Abkühlen lassen.

3 Zum Servieren den Himbeersirup auf 4 Gläser verteilen. Je 3 Eiswürfel und 5 Himbeeren dazugeben. Mit Prosecco aufgießen. Mit Minzeblättern verzieren.

# ORANGEN-BASILIKUM-APEROL

**Für 4 Gläser à 250 ml**

1 Bio-Orange + 1 Orange
4 EL heller Rohrohrzucker
2 Zweige Basilikum
12 Eiswürfel
120 ml Aperol
500 ml gekühlter Prosecco
4 Bio-Orangenscheiben + Basilikumblätter zum Verzieren

**Zubereitungszeit**
15 Minuten + 20 Minuten Abkühlzeit

1 Die Bio-Orange waschen und trockenreiben. Die Schale abreiben. Den Saft von beiden Orangen auspressen und in einen kleinen Topf geben. Die abgeriebene Schale und Rohrohrzucker hinzufügen und unter Rühren aufkochen, bis sich der Rohrohrzucker aufgelöst hat. Basilikum waschen und trockenschütteln.
Die Blätter abzupfen, in Streifen schneiden und dazugeben. Abkühlen lassen.

2 Zum Servieren den Orangen-Basilikum-Sirup durch ein feinmaschiges Sieb in 4 Gläser gießen. Je 3 Eiswürfel dazugeben. Mit je 30 ml Aperol und 125 ml Prosecco aufgießen. Mit Bio-Orangenscheiben und Basilikumblättern verzieren.

# PFLAUMEN-AMARETTO-CIDER

**Für 4 Gläser à 250 ml**

500 g Pflaumen
4–6 EL heller Rohrohrzucker
300 ml Wasser
2 EL Limettensaft
12 Eiswürfel
80 ml Amaretto
750 ml gekühlter Cider
8–12 Pflaumenschnitze zum Verzieren

**Zubereitungszeit**
15 Minuten
+ 15 Minuten Kochzeit
+ 30 Minuten Abkühlzeit

1 Die Pflaumen waschen, entsteinen und vierteln. Pflaumen mit dem Rohrohrzucker und dem Wasser in einen Topf geben. Aufkochen und ca. 15 Minuten bei schwacher Hitze zugedeckt köcheln lassen. Zwischendurch umrühren.

2 Die Pflaumenmasse durch ein feinmaschiges Sieb streichen und den Saft in einer Schüssel auffangen. Dabei die Masse gut ausdrücken, damit so viel Saft wie möglich ausgepresst wird. Den Limettensaft unterrühren. Abkühlen lassen.

3 Zum Servieren den Pflaumensaft auf 4 Gläser verteilen. Je 3 Eiswürfel dazugeben. Mit Amaretto und Cider aufgießen. Mit Pflaumenschnitzen dekorieren.

# PFIRSICH-RAMAZOTTI-BOWLE

**Für 1 Bowlegefäß (ca. 8 Gläser à 200 ml)**

5 reife Pfirsiche
2 Bio-Zitronen
4 EL heller Rohrohrzucker
150 ml Ramazotti
600 ml gekühlter Roséwein
750 ml gekühlter Rosésekt
500 ml kohlensäurehaltiges Mineralwasser
1 Bund Minze
Eiswürfel

Besonderes Zubehör
1 Bowlegefäß

**Zubereitungszeit**
20 Minuten + 2 Stunden Ziehzeit

1 Die Pfirsiche waschen, entkernen und in Spalten schneiden. 1 Zitrone waschen und trockenreiben. Die Schale abreiben und den Saft auspressen. Pfirsichspalten, Zitronensaft und -schale in eine Schüssel geben. Rohrohrzucker und Ramazotti dazugeben und alles mischen. Abgedeckt im Kühlschrank ca. 2 Stunden ziehen lassen.

2 Die Pfirsich-Ramazotti-Mischung in ein Bowlegefäß geben. Die zweite Zitrone waschen, trockenreiben, in Scheiben schneiden und dazugeben. Mit Roséwein, Rosésekt und Mineralwasser aufgießen. Die Minze waschen und trockenschütteln. Die Blättchen abzupfen und dazugeben.

3 Zum Servieren in jedes Glas 3 Eiswürfel geben. Mit der Pfirsich-Ramazotti-Bowle auffüllen.

# MANGO-ORANGEN-MIMOSA

**Für 4 Gläser à 300 ml**

1 Mango
250 ml Orangensaft
80 ml Orangenlikör
12 Eiswürfel
500 ml gekühlter Sekt
Bio-Orangenscheiben zum Verzieren

**Zubereitungszeit**
10 Minuten

1 Die Mango schälen. Das Fruchtfleisch bis zum Stein rundherum abschneiden und in einen hohen Rührbecher geben. Orangensaft dazugeben und mit dem Pürierstab pürieren.

2 Zum Servieren das Mangopüree auf 4 Gläser verteilen. Je 20 ml Orangenlikör und 3 Eiswürfel dazugeben. Mit je 125 ml Sekt auffüllen. Mit Bio-Orangenscheiben verzieren.

# TOCCO ROSSO
## MIT ERDBEEREN

**Für 4 Gläser à 300 ml**

200 g Erdbeeren
12 Eiswürfel
80 ml Campari
80 ml Holunderblütensirup
500 ml gekühlter Prosecco
400 ml kohlensäurehaltiges Mineralwasser
Minzeblätter zum Verzieren

**Zubereitungszeit**
10 Minuten

1 Die Erdbeeren waschen, putzen und je nach Größe halbieren oder vierteln.

2 Zum Servieren die Erdbeeren und die Eiswürfel auf 4 Gläser verteilen. Je 20 ml Campari und 20 ml Holunderblütensirup dazugeben. Mit je 125 ml Prosecco und 100 ml Mineralwasser auffüllen. Mit Minzeblättern verzieren.

# MELONEN-WEIN-SLUSH

**Für 4 Gläser à 200 ml**

600 g Wassermelone
4 EL Zitronensaft
2 EL heller Rohrohrzucker
750 ml gekühlter Roséwein
Wassermelonenstücke mit Schale zum Verzieren

**Zubereitungszeit**
20 Minuten
+ 3 Stunden Gefrierzeit

1 Die Wassermelone in Spalten schneiden, die Kerne entfernen und das Fruchtfleisch von der Schale schneiden. Die Spalten in ca. 2 × 2 cm große Würfel schneiden, in ein gefriergeeignetes Gefäß geben und für 3 Stunden ins Gefrierfach stellen.

2 Die gefrorenen Wassermelonenwürfel in einen hohen Rührbecher geben. Zitronensaft, Rohrohrzucker und Wein dazugeben. Alles mit dem Pürierstab pürieren.

3 Zum Servieren den Melonen-Wein-Slush auf 4 Gläser verteilen. Melonenstücke auf den Glasrand stecken.

# GIN-MINZE-REFRESHER

**Für 4 Gläser à 250 ml**

4 Bio-Zitronen
4 EL heller Rohrohrzucker
1 Bund Minze
350 g Crushed Ice
160 ml Gin
600 ml kohlensäurehaltiges Mineralwasser
Minzeblätter zum Verzieren

**Zubereitungszeit**
20 Minuten + 30 Minuten Abkühlzeit

1 Die Zitronen waschen und trockenreiben. Die Schale abreiben. Den Saft auspressen und in einen kleinen Topf geben. Abgeriebene Schale und Rohrohrzucker hinzufügen. Unter Rühren aufkochen, bis sich der Rohrohrzucker aufgelöst hat. Die Minze waschen und trockenschütteln. Die Blättchen abzupfen und dazugeben. Abkühlen lassen.

2 4 Gläser zur Hälfte mit Crushed Ice füllen. Mit je 40 ml Gin aufgießen. Den Zitronensirup durch ein feinmaschiges Sieb daraufgießen. Mit Mineralwasser auffüllen. Mit Minzeblättern verzieren.

# LILA BERRY

**Für 4 Gläser à 200 ml**

250 g gemischte Beeren (z.B. Himbeeren, Heidelbeeren, Johannisbeeren)
2 EL Limettensaft
8 EL heller Rohrohrzucker
100 ml Wasser
12 Eiswürfel
160 ml Aperitifwein (z.B. Lillet Blanc)
400 ml kohlensäurehaltiges Mineralwasser
4 EL gemischte Beeren + Limettenscheiben zum Verzieren

**Zubereitungszeit**
20 Minuten + 30 Minuten Abkühlzeit

1 Die Beeren waschen und im Sieb abtropfen lassen. Mit Limettensaft, Rohrohrzucker und Wasser in einen Topf geben. Aufkochen und ca. 5 Minuten bei schwacher Hitze köcheln lassen. Zwischendurch umrühren.

2 Die Fruchtmasse durch ein feinmaschiges Sieb streichen und den Saft in einer Schüssel auffangen. Dabei die Masse gut ausdrücken, damit so viel Saft wie möglich ausgepresst wird. Abkühlen lassen.

3 Zum Servieren den Beerensaft auf 4 Gläser verteilen. Je 3 Eiswürfel dazugeben. Mit je 40 ml Aperitifwein und 100 ml Mineralwasser aufgießen. Mit Beeren und Limettenscheiben verzieren.

# MELONEN-APEROL-BOWLE

**Für 1 Bowlegefäß (ca. 8 Gläser à 300 ml)**

500 g Wassermelone
500 g Honigmelone
1 Granatapfel
300 ml Aperol
3 EL flüssiger Honig
1 Zitrone
750 ml gekühlter Weißwein
750 ml gekühlter Rosésekt
750 ml kohlensäurehaltiges Mineralwasser
1 Bund Zitronenmelisse
Eiswürfel

**Besonderes Zubehör**
1 Bowlegefäß

**Zubereitungszeit**
20 Minuten + 2 Stunden Ziehzeit

1 Von der Wassermelone und von der Honigmelone das Fruchtfleisch von der Schale schneiden. Die Kerne entfernen. Das Fruchtfleisch ca. 2 × 2 cm groß würfeln und in eine Schüssel geben. Den Granatapfel halbieren, die Kerne herauslösen und dazugeben.

2 In einer Schüssel 200 ml Aperol mit dem Honig verrühren. Die Zitrone auspressen und den Saft unterrühren. Mit den Melonenwürfeln und Granatapfelkernen mischen und zugedeckt im Kühlschrank 2 Stunden ziehen lassen.

3 Die Frucht-Aperol-Mischung in ein Bowlegefäß geben. Mit Weißwein, Rosésekt, Mineralwasser und dem restlichem Aperol aufgießen. Zitronenmelisse waschen und trockenschütteln. Die Blätter abzupfen und dazugeben.

4 Zum Servieren in jedes Glas 3 Eiswürfel geben. Mit der Melonen-Aperol-Bowle auffüllen.

# WEISSE SANGRIA

**Für 1 Bowlegefäß (ca. 8 Gläser à 300 ml)**

8 EL heller Rohrohrzucker
100 ml Wasser
2 Nektarinen
250 g Erdbeeren
400 g Cantaloupe-Melone
200 g helle oder dunkle Weintrauben
2 Kiwis
1 Bio-Zitrone
750 ml gekühlter Sekt
750 ml gekühlter Weißwein
750 ml kohlensäurehaltiges Mineralwasser
1 Bund Minze
Eiswürfel

**Zubereitungszeit**
30 Minuten

**Besonderes Zubehör**
Bowlegefäß

1 In einem kleinen Topf den Rohrrohrzucker mit dem Wasser aufkochen und 1 Minute sprudelnd kochen. Sirup abkühlen lassen.

2 Die Nektarinen waschen, entkernen und in Spalten schneiden. Die Erdbeeren waschen, putzen und halbieren. Das Fruchtfleisch der Melone von der Schale schneiden. Die Kerne entfernen. Das Fruchtfleisch ca. 2 × 2 cm groß würfeln. Die Weintrauben waschen und im Sieb abtropfen lassen.

3 Die Kiwis schälen und in Scheiben schneiden. Die Zitrone waschen, trockenreiben und in Scheiben schneiden. Nektarinen, Erdbeeren und Weintrauben mit dem Zuckersirup in ein Bowlegefäß geben. Mischen und mit Sekt, Weißwein und Mineralwasser aufgießen. Kiwi- und Zitronenscheiben dazugeben.

4 Die Minze waschen und trockenschütteln. Die Blättchen abzupfen. Zum Servieren in jedes Glas einige Blättchen und 3 Eiswürfel geben. Mit der weißen Sangria auffüllen.

# REGISTER